Impressum
Verlag: BABADADA GmbH, Nedderfeld 112 , 22529 Hamburg
Geschäftsführer / Verlagsleitung: Harald Hof
Druck: Books on Demand GmbH, In de Tarpen 42, 22848 Norderstedt

Imprint
Publisher: BABADADA GmbH, Nedderfeld 112 , 22529 Hamburg, Germany
Managing Director / Publishing direction: Harald Hof
Print: Books on Demand GmbH, In de Tarpen 42, 22848 Norderstedt

scol
colegio

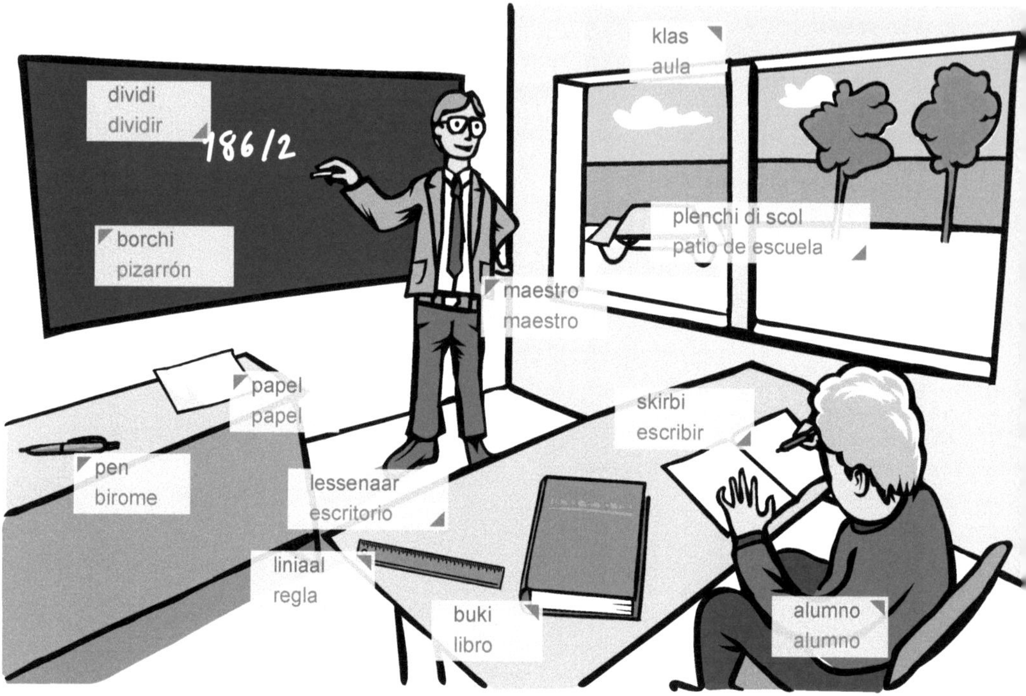

klas
aula
dividi
dividir
186/2
borchi
pizarrón
plenchi di scol
patio de escuela
maestro
maestro
papel
papel
skirbi
escribir
pen
birome
lessenaar
escritorio
liniaal
regla
buki
libro
alumno
alumno

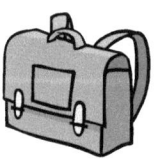

tas di scol
mochila

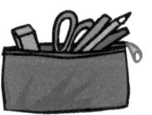

etui
caja de lápices

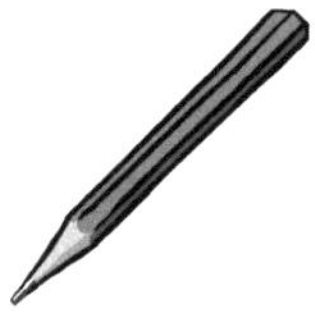

potlood
lápiz

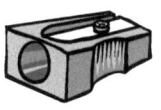

slijper
sacapuntas

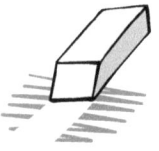

gum
goma (de borrar)

buki di pinta
bloc de dibujo

pintura
dibujo

cuashi
pincel

caha di verf
caja de pinturas

sker
tijera

lijm
pegamento

schrift
cuaderno de ejercicios

huiswerk
tarea

number
número

suma
sumar

kita
restar

multiplica
multiplicar

conta
calcular

letter
letra

alfabet
abecedario

palabra
palabra

texto
texto

lesa
leer

krijt
tiza

les
lección

klassenboek
cuaderno de clase

examen
examen

diploma
certificado

uniform di scol
uniforme escolar

estudio
educación

enciclopedia
enciclopedia

universidad
universidad

microscop
microscopio

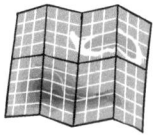

mapa
mapa

bari di sushi
tacho (de basura)

biahamento
viaje

Grand
hotel
hotel
posada
hostel
ROOMS
oficina di cambio
casa de cambio
EXCHANGE
maleta
valija
auto
auto

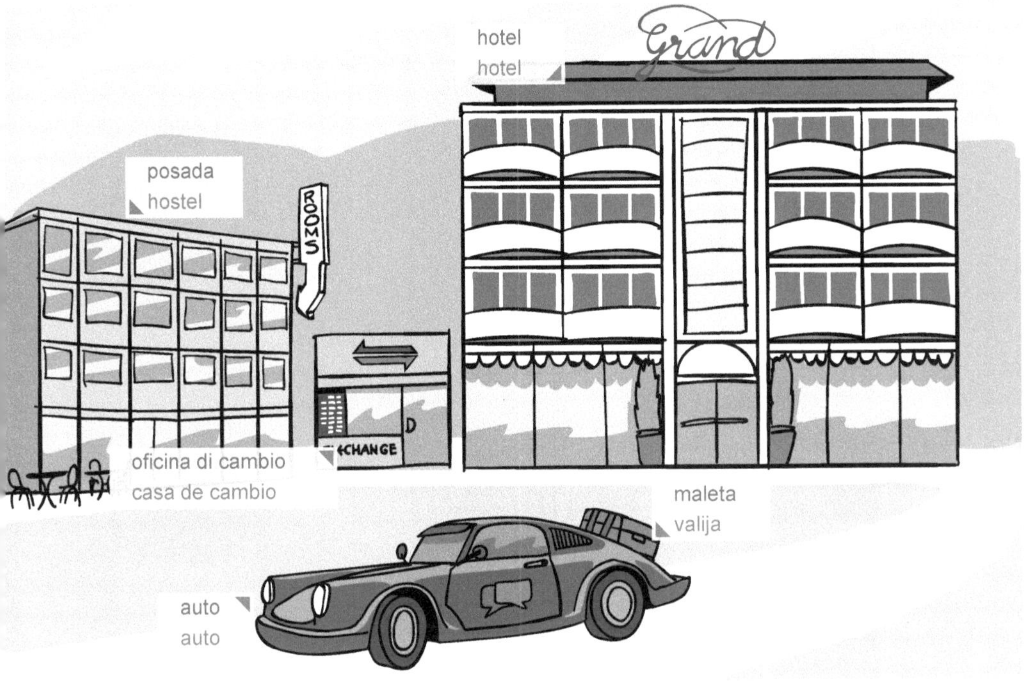

idioma

idioma

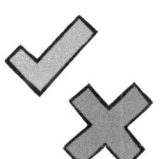

si / no

sí / no

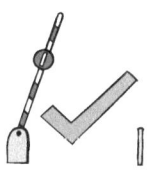

bon

Está bien

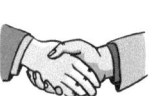

hallo

hola

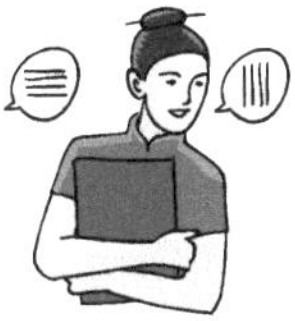

tolk

traductor

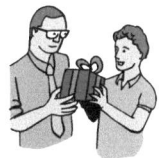

masha danki

Gracias

Cuanto esaki ta costa?

¿cuánto cuesta...?

Mi no ta compronde

No entiendo

problema

problema

bon nochi

¡Buenas tardes!

Bon dia!

¡Buenos días!

Bon nochi!

¡Buenas noches!

ayo

adiós

direccion

dirección

maleta

equipaje

handbag

bolso

rugtas

mochila

huesped

invitado

camber

habitación

slaapzak

bolsa de dormir

tent

carpa

informacion pa turista

información turística

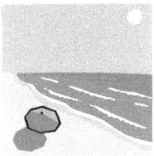

lama

playa

credit card

tarjeta de crédito

desayuno

desayuno

cuminda di merdia

almuerzo

cuminda di anochi

cena

carchi

pasaje

cabe'i boto

ascensor

stampia

sello

grens

frontera

duana

aduana

embahada

embajada

visa

visa

paspoort

pasaporte

transport
transporte

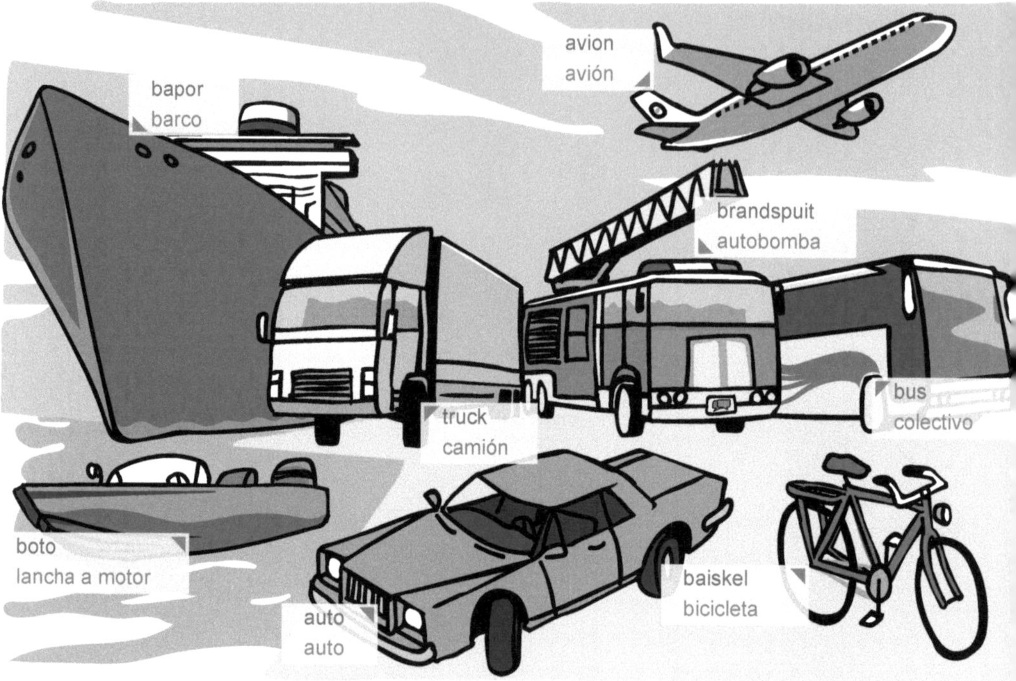

avion
avión
bapor
barco
brandspuit
autobomba
truck
camión
bus
colectivo
boto
lancha a motor
baiskel
bicicleta
auto
auto

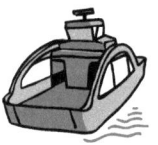

ferry
ferry

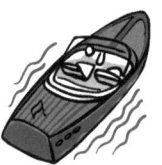

boto
bote

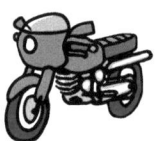

brommer
moto

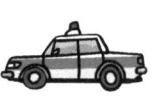

auto di polis
patrullero

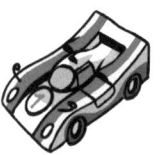

auto di careda
auto de carreras

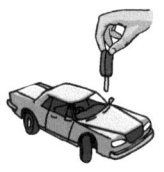

auto di huur
auto de alquiler

car sharing

alquiler de autos

takelwagen

grúa

dump truck

camión de basura

motor

motor

gasolin

nafta

pomp di gasolin

estación de servicio

borchi di trafico

señal de tránsito

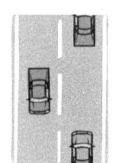

trafico

tránsito

fila

embotellamiento

parkeerplaats

estacionamiento

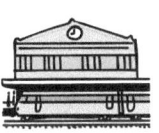

stacion di trein

estación de tren

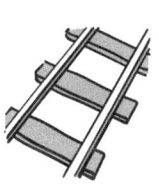

riel

vías

trein

tren

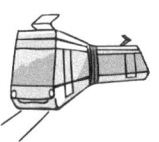

tram

tranvía

wagon

vagón

helicopter
helicóptero

aeropuerto
aeropuerto

toren
torre

pasahero
pasajero

container
contenedor

caha di carton
caja de cartón

garoshi
carretilla

macutu
canasta

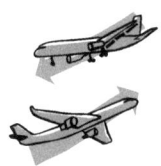

lanta / baha
despegar / aterrizar

ciudad
ciudad

pueblo
pueblo

centro di ciudad
centro de ciudad

cas
casa

cine
cine

propaganda
publicidad

luz di caya
farol

CINEMA

caya
calle

taxi
taxi

hende na pia
peatón

snackbar
kiosco

acera
vereda

zebrapad
paso peatonal

bari di sushi
contenedor de basura

crusada
cruce

luz di trafico
semáforo

hut
cabaña

flat
departamento

stacion di trein
estación de tren

stadhuis
municipalidad

museo
museo

scol
colegio

universidad

universidad

banco

banco

hospital

hospital

hotel

hotel

botica

farmacia

oficina

oficina

boekhandel

librería

tienda

negocio

floresteria

florería

supermarket

supermercado

mercado

mercado

department store

grandes tiendas

bendedo di pisca

pescadería

shopping center

centro comercial

haf

puerto

park
parque

banki
banco

brug
puente

trapi
escaleras

metro
subte

tunnel
túnel

parada di bus
parada del colectivo

bar
bar

restaurant
restaurante

postbox
buzón

borchi di nomber di caya
letrero

parkeermeter
parquímetro

parke di bestia
zoológico

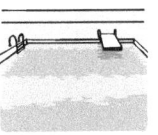

piscina
pileta

moskee
mezquita

cunucu
granja

polucion
contaminación

santana
cementerio

misa
iglesia

speelplaats
juegos infantiles

tempel
templo

paisahe
paisaje

blachi
hoja

borchi di direccion
poste indicador

caminda
camino

sabana
pradera

piedra
piedra

keirodo
excursionista

palo
árbol

riu
río

yerba
hierba

flor
flor

vallei
valle

sero
montaña

lago
lago

mondi
bosque

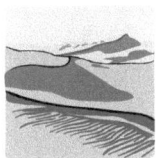

desierto
desierto

volcan
volcán

kasteel
castillo

arco iris
arco iris

paddenstoel
champiñón

palma
palmera

sangura
mosquito

musca
mosca

vruminga
hormiga

bij
abeja

haraña
araña

paisahe - paisaje

tor

escarabajo

dori

rana

eekhoorn

ardilla

porcospina

erizo

coneu

liebre

shoco

lechuza

parha

pájaro

zwaan

cisne

porco di mondi

jabalí

bina

ciervo

eland

alce

dam

presa

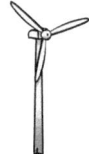

molina di biento

aerogenerador

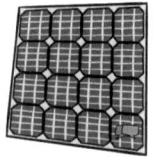

panel solar

panel solar

clima

clima

restaurant
restaurante

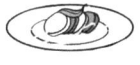

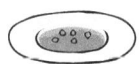

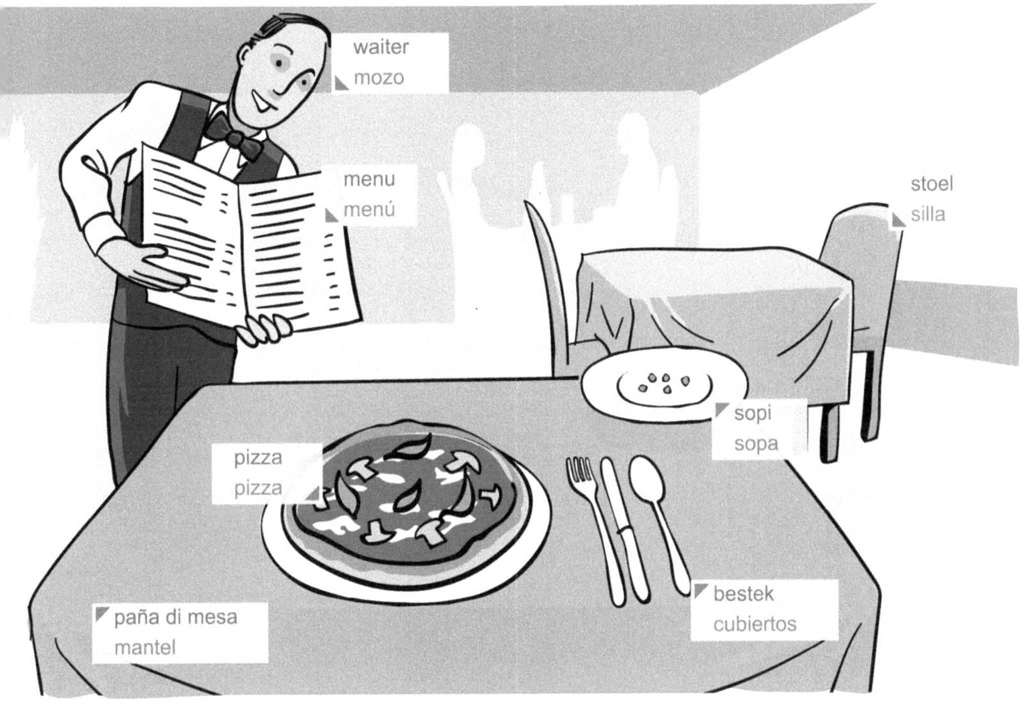
waiter
mozo
menu
menú
stoel
silla
sopi
sopa
pizza
pizza
paña di mesa
mantel
bestek
cubiertos

aperitivo

entrada

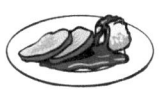

cuminda principal

plato principal

dessert

postre

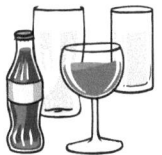

bebida

bebidas

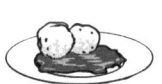

cuminda

comida

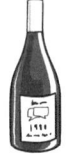

boter

botella

fastfood

comida rápida

streetfood

comida callejera

canica di te

tetera

pochi di sucu

azucarera

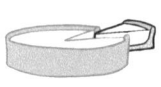

porcion

porción

espressomachine

cafetera expreso

stoel di mucha

sillita alta

cuenta

cuenta

hasechi

bandeja

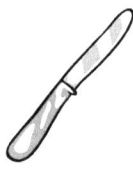

cuchiu

cuchillo

forki

tenedor

cuchara

cuchara

telep

cucharita

napkin

servilleta

glas

vaso

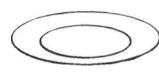

tayo
plato

tayo di sopi
plato hondo

scoter
plato

saus
salsa

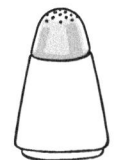

pochi di salo
salero

mulina di peper
molinillo de pimienta

binager
vinagre

azeta
aceite

specerij
especias

ketchup
kétchup

mosterd
mostaza

mayonaise
mayonesa

supermarket
supermercado

oferta special
oferta especial
FOR
cliente
cliente
producto lacteo
lácteos
fruta
fruta
garoshi di compra
changuito

BUTCHERS

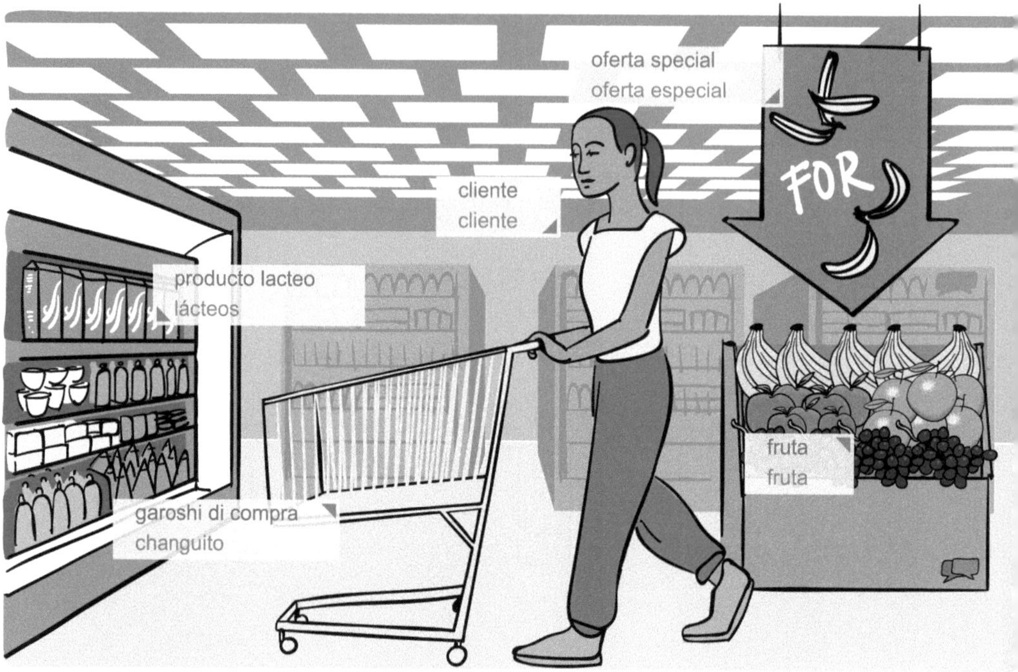

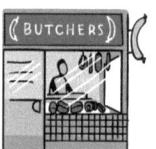

carniceria

carnicería

BAKERY

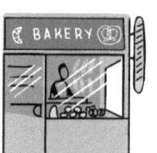

panaderia

panadería

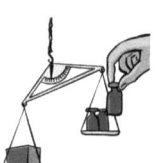

pisa

pesar

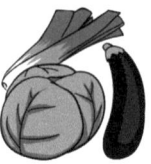

berdura

verduras

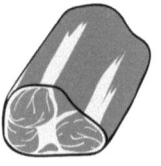

carni

carne

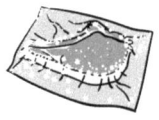

frozen food

alimentos congelados

beleg di carni

fiambres

cuminda di bleki

alimentos enlatados

detergente na puiro

detergente en polvo

mangel

golosinas

producto pa cas

electrodomésticos

articulo di limpiesa

productos de limpieza

bendedo

vendedora

cahero

caja

cahero

cajero

lista di compra

lista de compras

orario

horario de atención

cartera

billetera

credit card

tarjeta de crédito

tas

cartera

saco di plastic

bolsa de plástico

awa

agua

juice

jugo

lechi

leche

cola

bebida cola

biña

vino

cerbes

cerveza

alcohol

alcohol

chocomel

cacao

te

té

koffie

café

espresso

café expreso

cappuccino

cappuccino

bacoba

banana

appel

manzana

apelsina

naranja

milon

melón

lamunchi

limón

wortel

zanahoria

conoflok

ajo

bambu

bambú

siboyo

cebolla

mushroom

champiñón

noot

nueces

pasta

fideos

spaghetti

tallarines

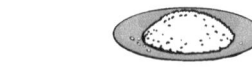

aros

arroz

salada

ensalada

batata hasa

papas fritas

batata hasa

papas fritas

pizza

pizza

hamburger

hamburguesa

sandwich

sándwich

cutlet

churrasco

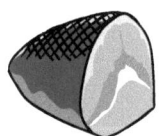

ham

jamón

salami

salame

soseishi

salchicha

galiña

pollo

hasa

asado

pisca

pescado

papa

copos de avena

müsli

muesli

cornflakes

copos de maiz

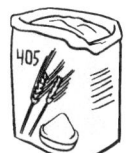

hariña

harina

croissant

medialuna

pan rondo

pancito

pan

pan

toast

tostada

cuki

galletitas

manteca

manteca

kwark

cuajada

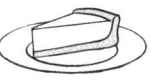

bolo

torta

webo

huevo

webo hasa

huevo frito

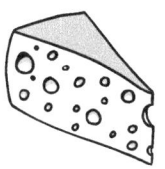

keshi

queso

cuminda - comida

ijscream

helado

sucu

azúcar

honing

miel

jam

mermelada

pasta di chuculati

pasta de chocolate

curry

curry

cunucu
granja

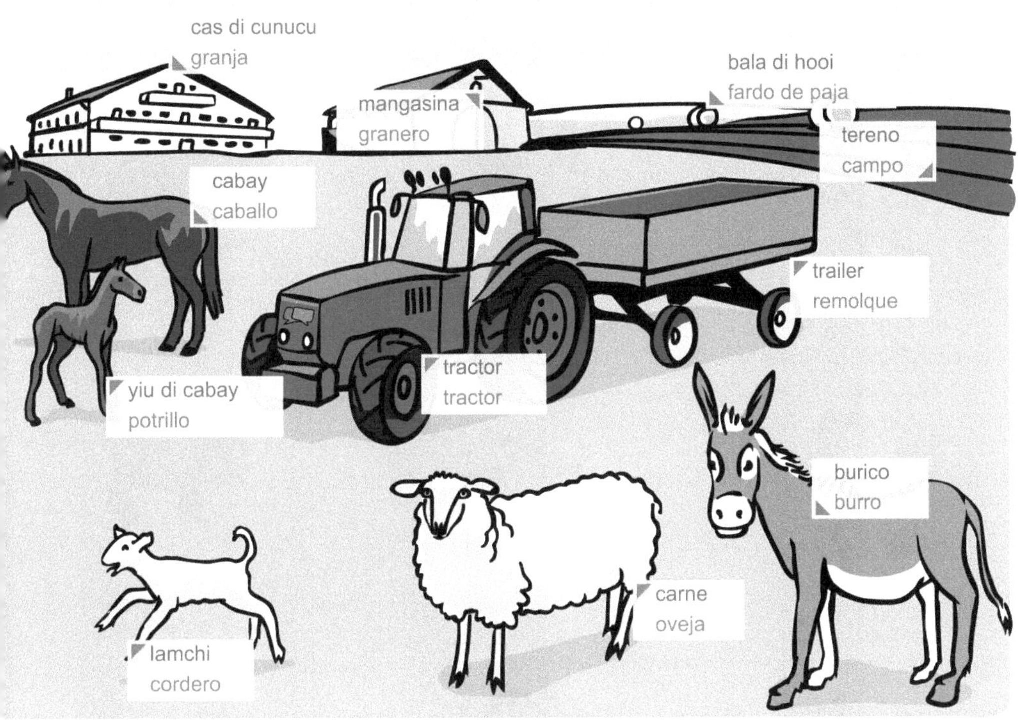

cas di cunucu
granja
mangasina
granero
bala di hooi
fardo de paja
tereno
campo
cabay
caballo
trailer
remolque
tractor
tractor
yiu di cabay
potrillo
burico
burro
carne
oveja
lamchi
cordero

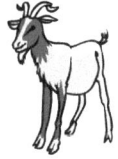

cabrito

cabra

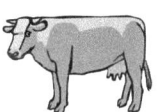

baca

vaca

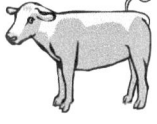

bishe

ternero

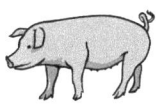

porco

cerdo

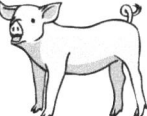

yiu di porco

lechón

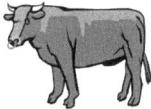

toro

toro

gans

ganso

pato

pato

puyito

pollo

galiña

gallina

gay

gallo

djaca

rata

pushi

gato

raton

ratón

toro

buey

cacho

perro

cas di cacho

cucha

slang pa muha mata

manguera

gieter

regadera

herment pa corta yerbe

guadaña

ploeg

arado

garabati

hoz

chapi

azada

forki pa coy hooi

horquilla

hacha

hacha

garetia

carretilla

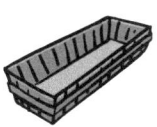

pesebre

abrevadero

canica di lechi

lechera

saco

bolsa

heki

reja

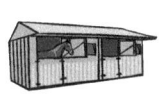

stal

establo

greenhouse

invernadero

suela

suelo

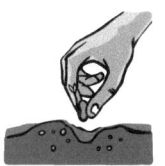

simia

semilla

mest

fertilizador

mashin di cosecha

cosechadora

cosecha
cosechar

cosecha
cosecha

yams
batatas

trigo
trigo

soya
soja

batata
papa

maishi
maíz

canola
semilla de colza

palo di fruta
árbol frutal

yuca
mandioca

grano
cereales

cas
casa

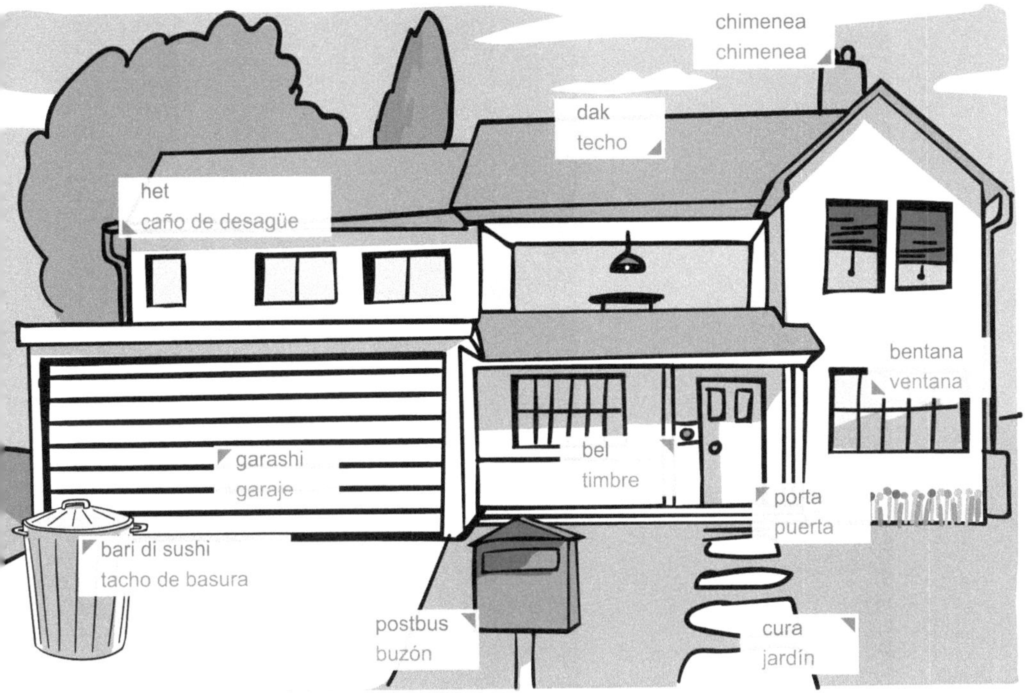
chimenea
chimenea
dak
techo
het
caño de desagüe
bentana
ventana
bel
timbre
garashi
garaje
porta
puerta
bari di sushi
tacho de basura
postbus
buzón
cura
jardín

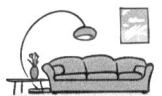

sala

living

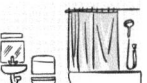

baño

baño

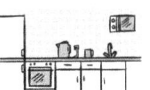

cushina

cocina

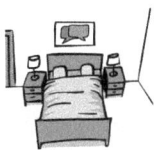

camber

dormitorio

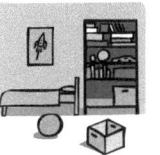

camber di mucha

cuarto de los chicos

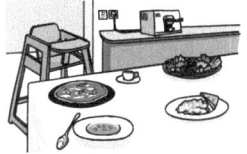

comedo

comedor

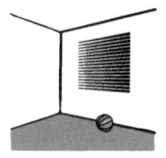

suela
piso

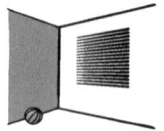

muraya
pared

blafon
cielorraso

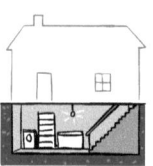

bodega
sótano

sauna
sauna

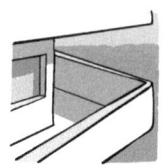

balcon
balcón

terasa
terraza

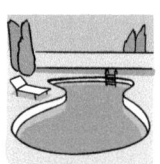

piscina
pileta

mashin di corta yerba
cortadora de pasto

laken
sábana

bedsprei
acolchado

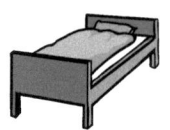

cama
cama

basora
escoba

hemchi
balde

switch
interruptor

sala
living

papel pa papela
empapelado
potret
imagen
lampi
lámpara
reki
estante
cashi
armario
television
televisión
fogon
chimenea
cusinchi
almohadón
flor
flor
sofa
sofá
vaas
florero
remote control
control remoto

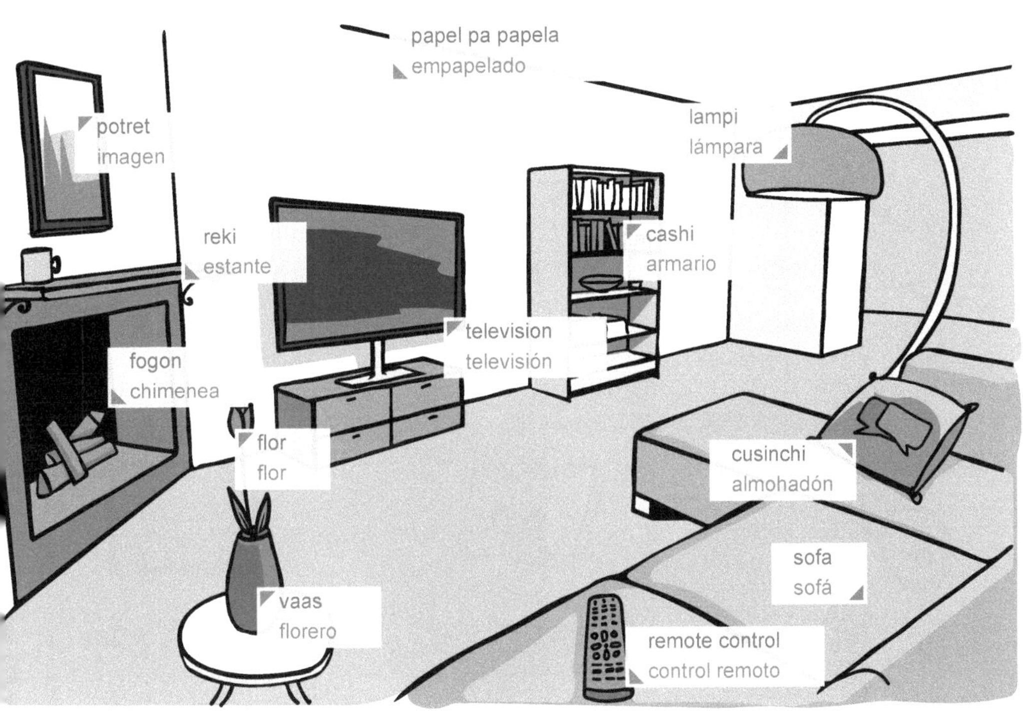

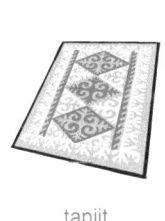

tapijt

alfombra

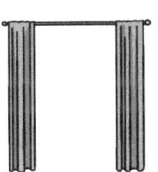

cortina

cortina

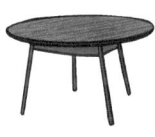

mesa

mesa

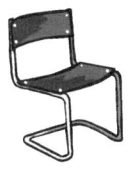

stoel

silla

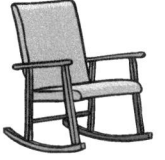

stoel di zoya

mecedora

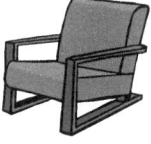

stoel

sillón

buki

libro

dekel

frazada

decoracion

decoración

palo pa kima

leña

film

película

stereoset

equipo de música

yabi

llave

corant

diario

cuadra

pintura

poster

póster

radio

radio

blocnote

cuaderno

stofzuiger

aspiradora

cadushi

cactus

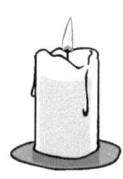

bela

vela

cushina
cocina

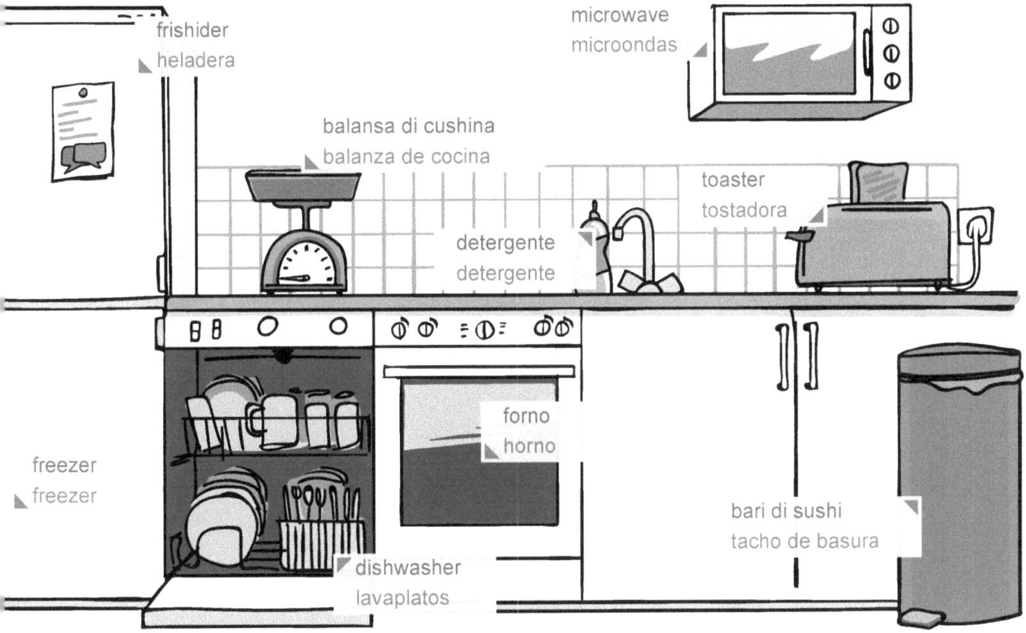
frishider
heladera
microwave
microondas
balansa di cushina
balanza de cocina
toaster
tostadora
detergente
detergente
forno
horno
freezer
freezer
bari di sushi
tacho de basura
dishwasher
lavaplatos

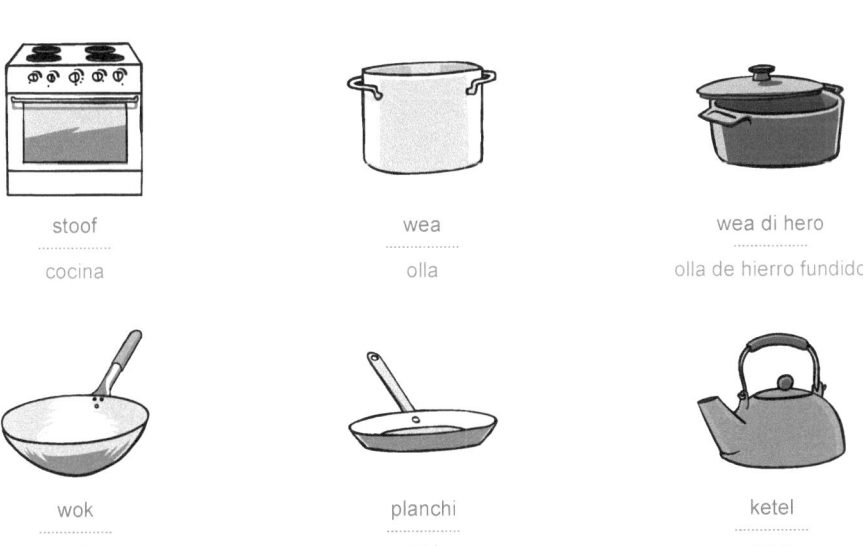

stoof
cocina

wea
olla

wea di hero
olla de hierro fundido

wok
wok

planchi
sartén

ketel
pava

steamer

vaporera

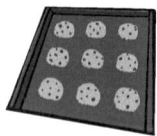

teblachi pa horna

bandeja de horno

servies

vajilla

beker

taza

conchi

bol

chopstick

palitos

cuchara di sopi

cucharón

spatula

estpátula

garde

batidora

scurido

colador

colado

colador

raspa

rallador

fenso

mortero

barbecue

parrilla

candela

fogata

planki pa corta

tabla de picar

rostok

palo de amasar

kurkentrek

sacacorchos

bleki

lata

cos di habri bleki

abrelatas

pannenlap

manopla

wasbak

pileta

skeiro

cepillo

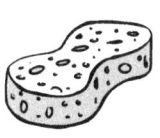

spons

esponja

blender

batidora

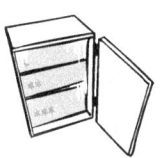

freezer

congelador

tetero

mamadera

cranchi

canilla

baño

douche
ducha

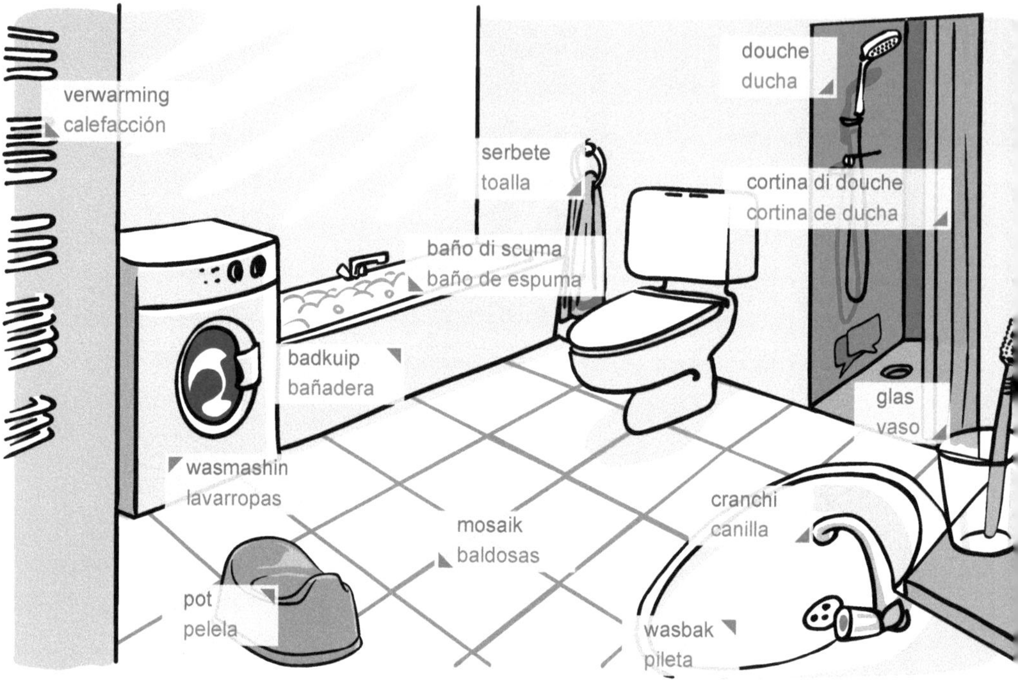

verwarming
calefacción

serbete
toalla

cortina di douche
cortina de ducha

baño di scuma
baño de espuma

badkuip
bañadera

glas
vaso

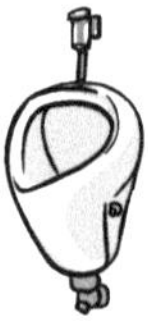

wasmashin
lavarropas

mosaik
baldosas

cranchi
canilla

pot
pelela

wasbak
pileta

tualet	hurktoilet	bidet
inodoro	letrina	bidé
urinal	papel di w.c.	skeiro di w.c.
mingitorio	papel higiénico	cepillo para el inodoro

skeiro di djente

cepillo de dientes

pasta di djente

dentífrico

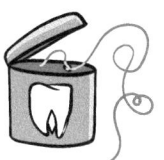

dental floss

hilo dental

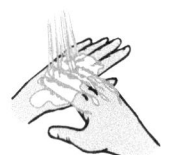

laba

lavar

douche di man

ducha de mano

bidet

ducha higiénica

tobo

palangana

skeiro

cepillo para espalda

habon

jabón

shower gel

gel de ducha

shampoo

shampoo

washandje

toallita

drain

desagüe

crema

crema

desodorante

desodorante

spiel

espejo

spiel di man

espejito

blet

maquinita de afeitar

shaving foam

espuma de afeitar

aftershave

aftershave

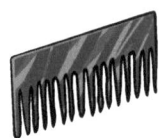

peña

peine

skeiro

cepillo

blower

secador de pelo

spray pa cabey

spray

makeup

maquillaje

lipstick

lápiz de labios

cos di pinta huña

esmalte para uñas

catuna

algodón

sker pa corta huña

tijera para uñas

perfume

perfume

tas

portacosméticos

kruk

banqueta

balansa

balanza

bata

bata

handschoen

guantes de goma

tampon

tampón

kotex

toallita femenina

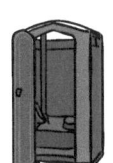

wc kimico

baño químico

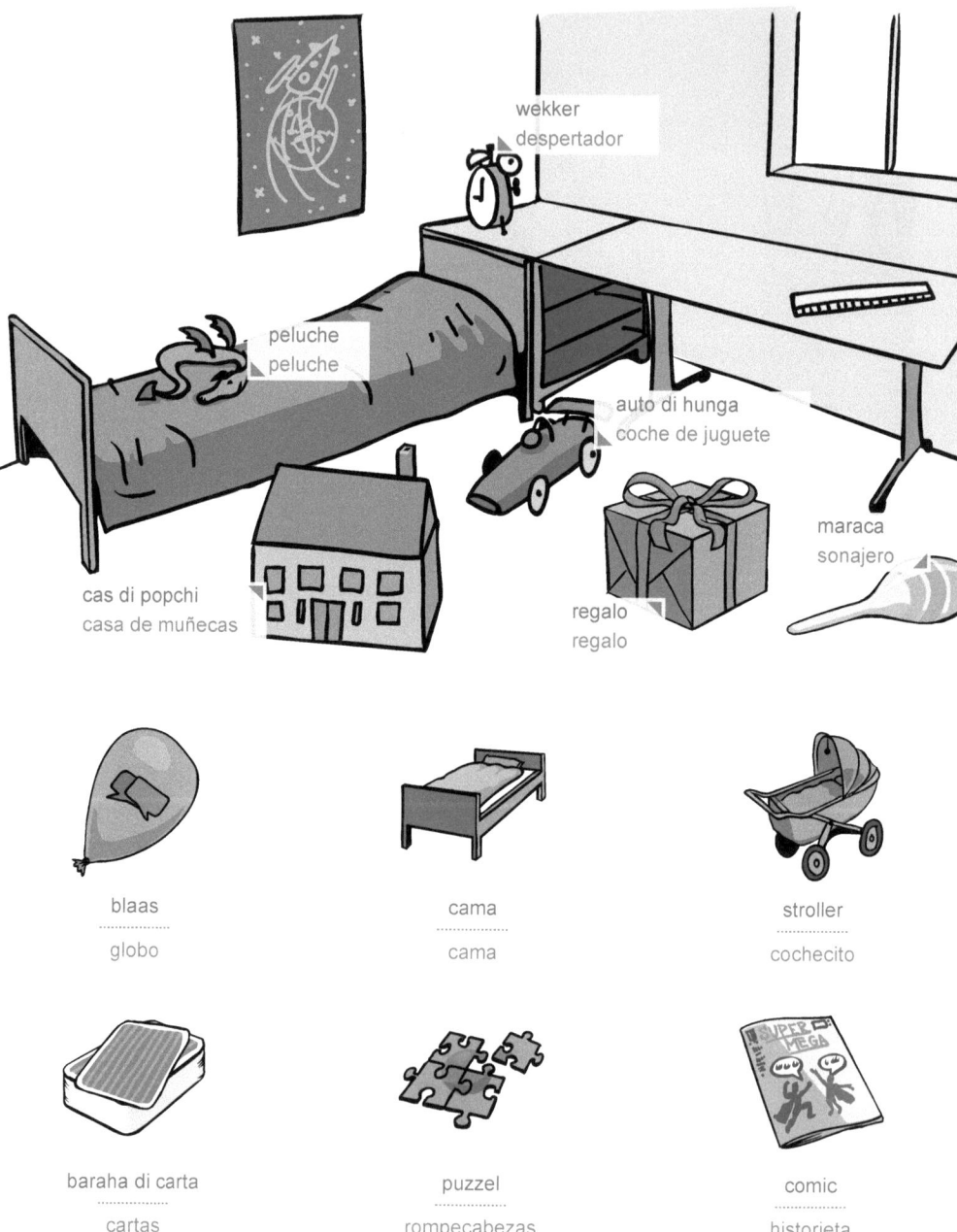

wekker
despertador

peluche
peluche

auto di hunga
coche de juguete

maraca
sonajero

cas di popchi
casa de muñecas

regalo
regalo

blaas
globo

cama
cama

stroller
cochecito

baraha di carta
cartas

puzzel
rompecabezas

comic
historieta

lego

piezas de lego

bloki di hunga

ladrillos de juguete

figura di accion

figura de acción

romper

enterito (de bebé)

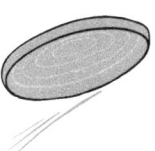

frisbee

frisbee

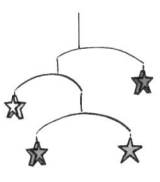

mobil

móvil para bebés

wega di mesa

juego de mesa

dou

dados

set di trein

tren eléctrico

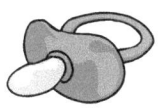

chupon

chupete

fiesta

fiesta

buki di prenchi

libro de cuentos ilustrado

bala

pelota

popchi

muñeca

hunga

jugar

zandbak
arenero

zoya
hamaca

cos di hunga
juguetes

videogame
consola de videojuegos

tricycle
triciclo

beer
osito de peluche

cashi di paña
armario

paña
ropa

mea
medias

mea
medias panty

pantyhose
calzas

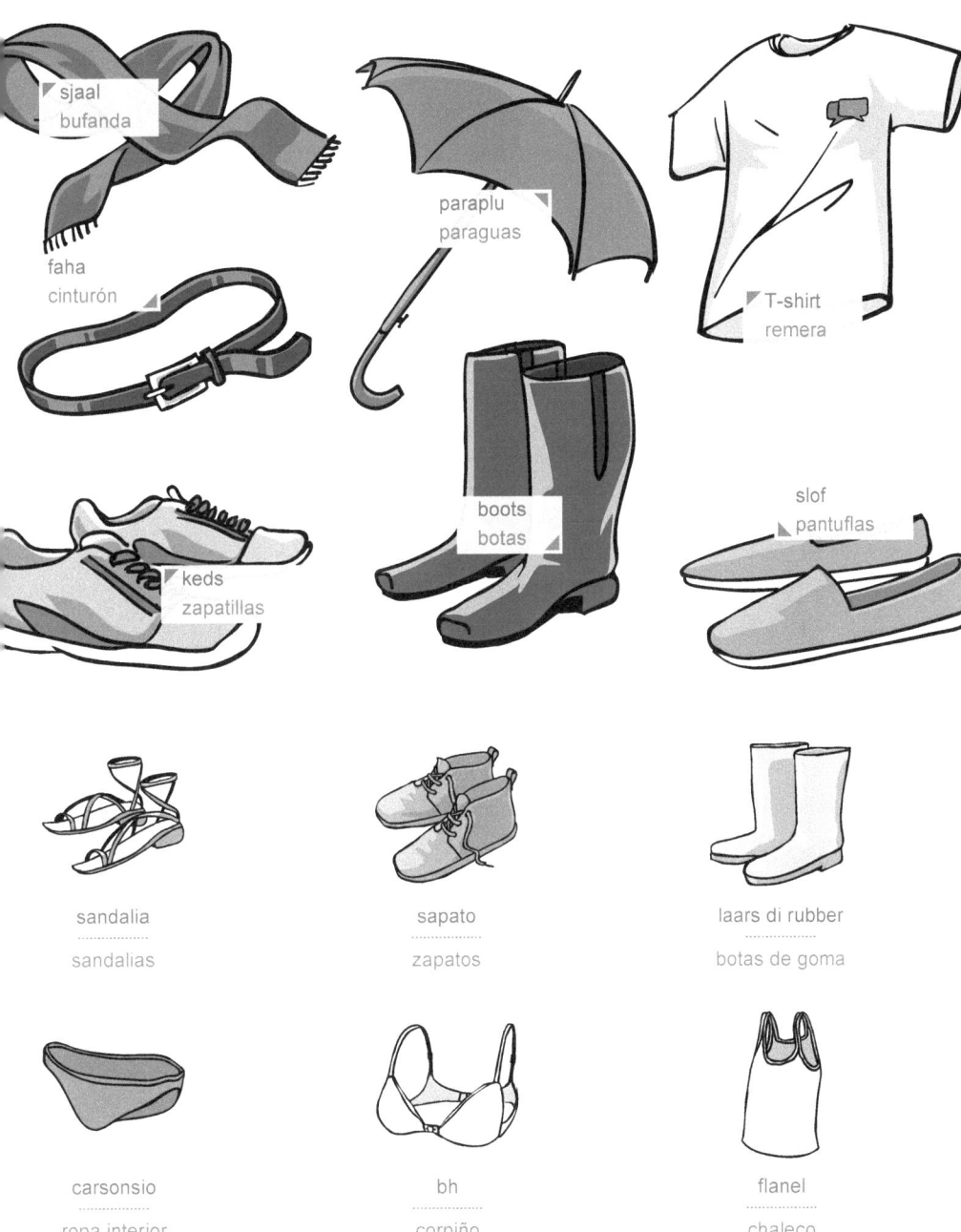

sjaal
bufanda

paraplu
paraguas

T-shirt
remera

faha
cinturón

boots
botas

slof
pantuflas

keds
zapatillas

sandalia
....
sandalias

sapato
....
zapatos

laars di rubber
....
botas de goma

carsonsio
....
ropa interior

bh
....
corpiño

flanel
....
chaleco

body
body

carson
pantalones

jeans
jeans

saya
pollera

blusa
blusa

camisa
camisa

sweater
pulóver

sweater
buzo

blazer
blazer

jacket
campera

jas
tapado

regenjas
piloto

flus
traje

shimis
vestido

shimis di bruid
vestido de novia

flus

traje

yapon

camisón

pidjama

pijama

sari

sari

lenso di cabes

pañuelo para cabeza

turban

turbante

burqa

burka

kaftan

caftán

abaya

abaya

zwempak

traje de baño

zwembroek

short de baño

carson cortico

shorts

trainingspak

jogging

lantera

delantal

handschoen

guantes

boton

botón

bril

anteojos

armband

pulsera

cadena

collar

renchi

anillo

renchi di horea

aro

pechi

gorra

kapstok

percha

sombre

sombrero

dashi

corbata

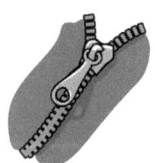

ziper

cierre

helm

casco

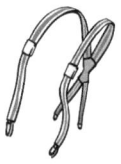

guiel

tiradores

uniform di scol

uniforme escolar

uniform

uniforme

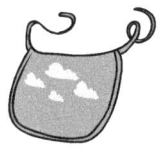

babado

babero

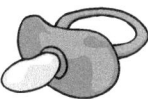

chupon

chupete

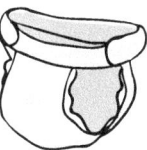

bruki

pañal

oficina

oficina

server
servidor
filekast
archivero
printer
impresora
papel
papel
pantaya
monitor
mouse
mouse
lessenaar
escritorio
map
carpeta
keyboard
teclado
bari di sushi
tacho (de basura)
computer
computadora
stoel
silla

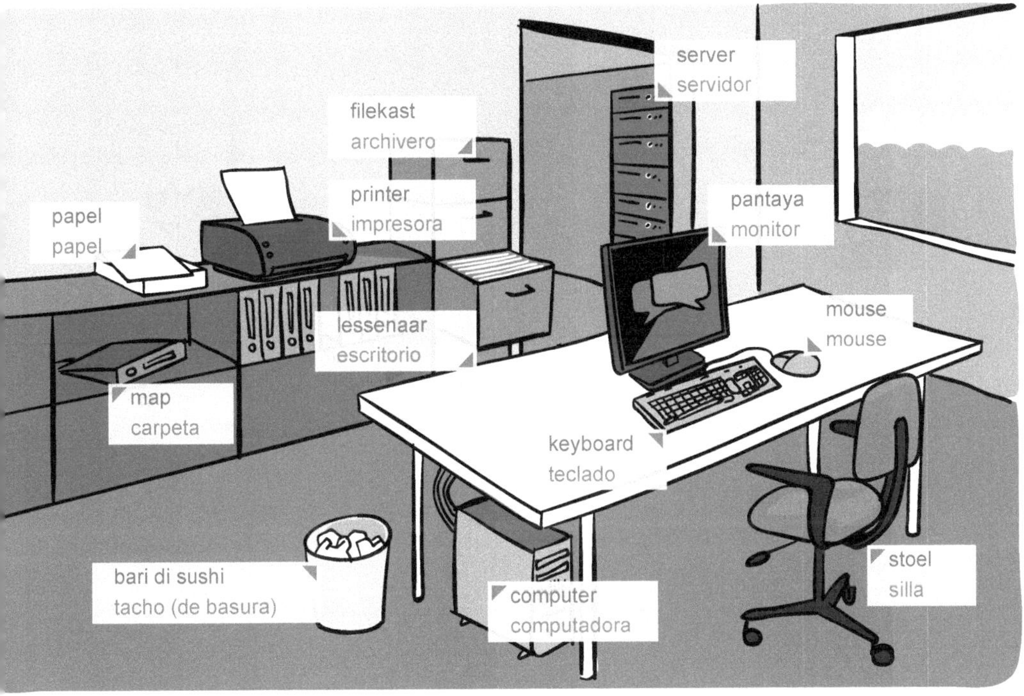

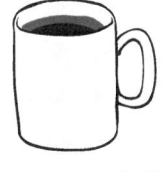

copi pa bebe koffie

taza de café

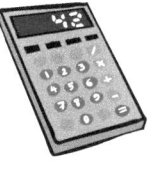

calculator

calculadora

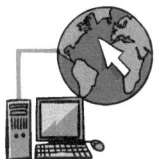

internet

internet

laptop

laptop

carta

carta

mensahe

mensaje

celular

celular

red

red

mashin di copia

fotocopiadora

software

software

telefon

teléfono

stopcontact

tomacorriente

fax mashin

fax

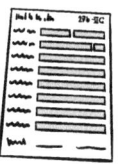

formulario

formulario

documento

documento

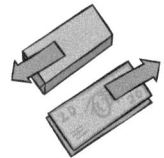

cumpra

comprar

paga

pagar

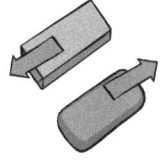

negosha

hacer negocios

placa

dinero

dollar

dólar

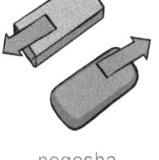

euro

euro

yen

yen

roebel

rublo

frank suiso

franco suizo

yuan renminbi

yuan

roepi

rupia

bancomatico

cajero automático

oficina di cambio
....
casa de cambio

oro
....
oro

plata
....
plata

azeta
....
petróleo

energia
....
energía

prijs
....
precio

contract
....
contrato

impuesto
....
impuesto

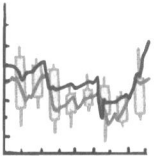

share
....
acción

traha
....
trabajar

empleado
....
empleado

dunado di trabou
....
empleador

fabrica
....
fábrica

tienda
....
negocio

ofishi / profesion
ocupaciones

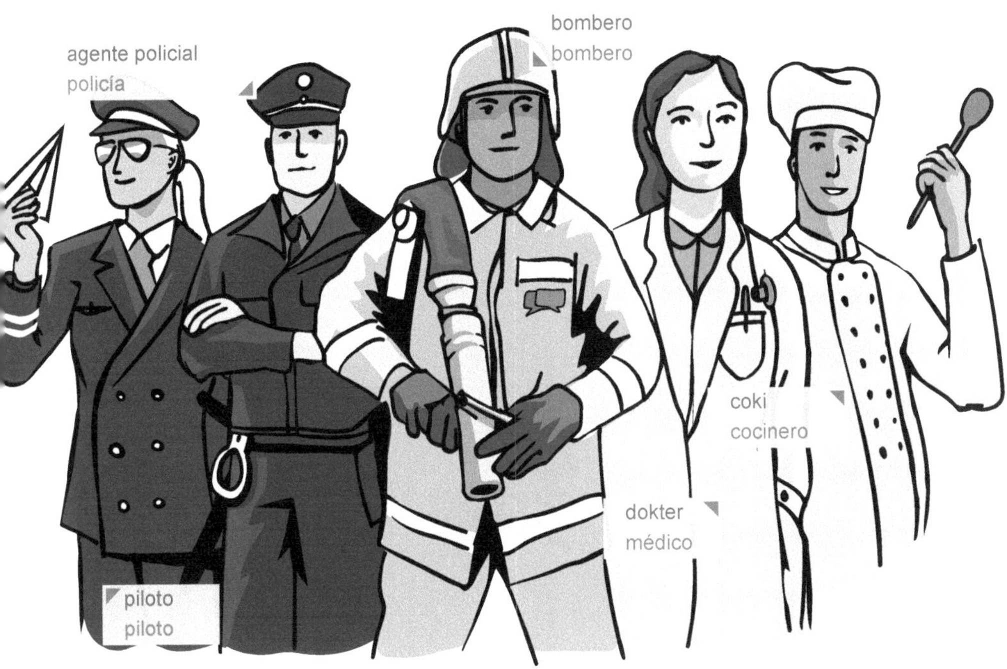
agente policial
policía
bombero
bombero
coki
cocinero
dokter
médico
piloto
piloto

hardinero

jardinero

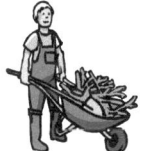

carpinte

carpintero

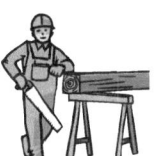

cosedo

modista

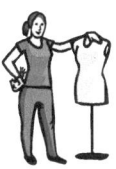

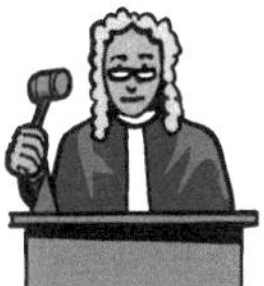

hues

juez

kimico

farmacéutico

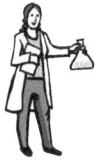

actor

actor

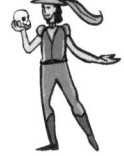

chauffeur di bus

colectivero

chauffeur di taxi

taxista

piscado

pescador

hende cu ta haci cas limpi

mucama

drechado di dak

techista

waiter

mozo

jaagdo

cazador

verfdo

pintor

panadero

panadero

electricista

electricista

trahado den construccion

albañil

ingeniero

ingeniero

carnicero

carnicero

loodgieter

plomero

partido di carta

cartero

solda
soldado

arkitecto
arquitecto

cahero
cajero

florista
florista

pelukero / pelukera
peluquero

controlado di ticket
cobrador

mecanico
mecánico

capitan
capitán

dentista
dentista

cientifico
cientifico

rabbi
rabino

imam
imán

monk
monje

pastor
sacerdote

herment
herramientas

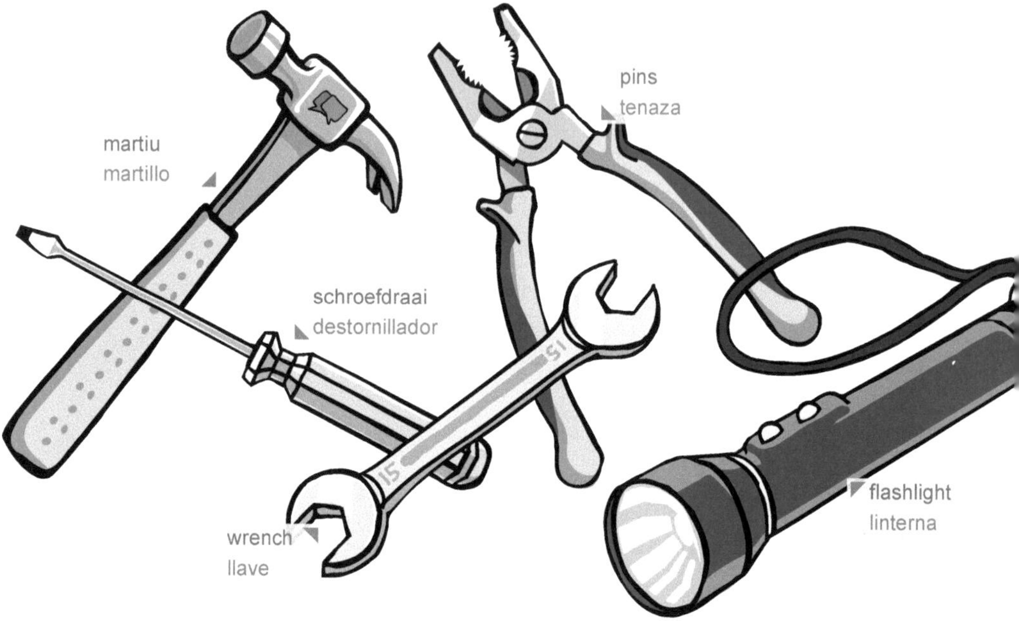
pins
tenaza
martiu
martillo
schroefdraai
destornillador
wrench
llave
flashlight
linterna

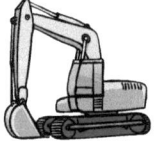

bulldozer

excavadora

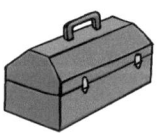

caha di herment

caja de herramientas

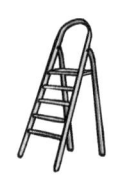

trapi

escalera portátil

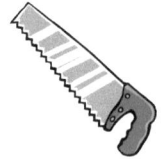

zaag

sierra

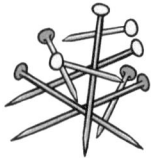

clabo

clavos

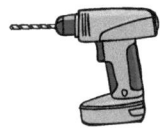

boormashin

taladro

drecha
....
arreglar

shobel
....
pala de jardín

caraho!
....
¡Qué bronca!

scop
....
pala de plástico

bleki di verf
....
tacho de pintura

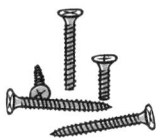

schroef
....
tornillos

instrumento musical
instrumentos musicales

contrabaho
contrabajo

drumset
batería ◢

speaker
▶ parlante

trompet
trompeta

guitara
guitarra ◢

piano
piano

fio
violín

baho
bajo

timbal
timbales

tambu
tambor

keyboard
teclado

saxofon
saxofón

fluit
flauta

microfon
micrófono

instrumento musical - instrumentos musicales

parke di bestia
zoológico

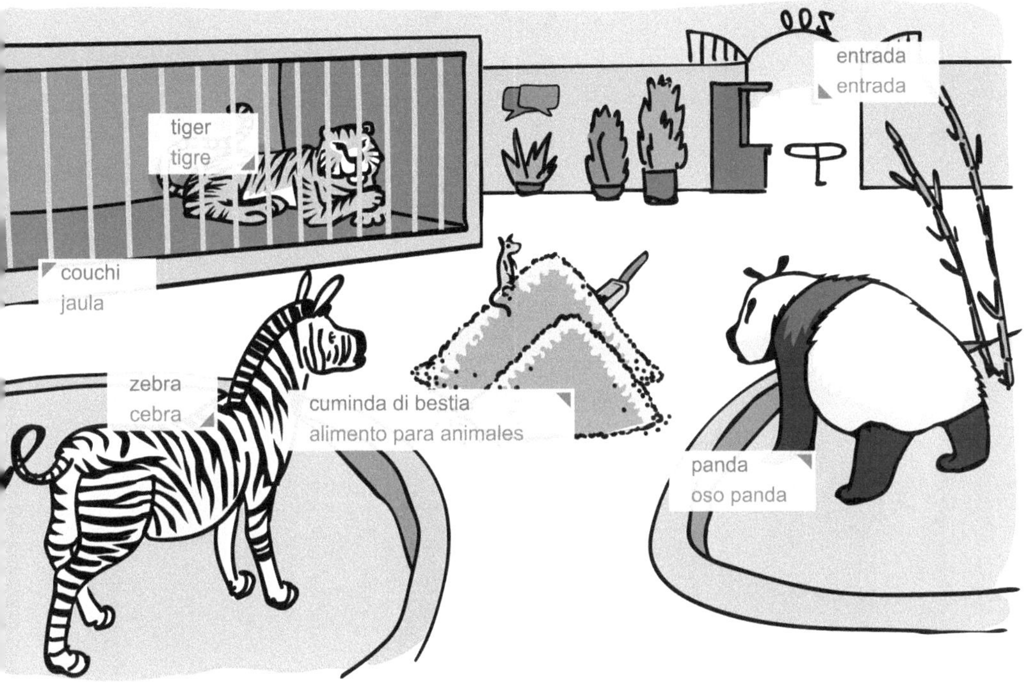
entrada
entrada
tiger
tigre
couchi
jaula
zebra
cebra
cuminda di bestia
alimento para animales
panda
oso panda

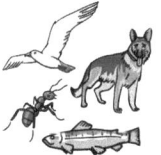

animal

animales

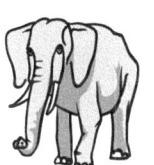

olifante

elefante

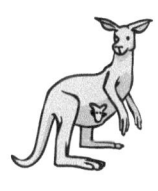

cangaru

canguro

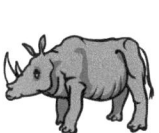

neushoorn

rinoceronte

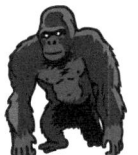

gorila

gorila

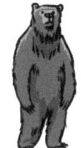

beer

oso

camel

camello

avestruz

avestruz

leon

león

macaco

mono

flamingo

flamenco

lora

loro

beer polar

oso polar

pinguin

pingüino

tribon

tiburón

pauwies

pavo real

colebra

serpiente

caiman

cocodrilo

cuidado di bestia

cuidador del zoológico

cacho di awa

foca

jaguar

jaguar

pony

poni

leopardo

leopardo

hipopotamo

hipopótamo

giraf

jirafa

aguila

águila

porco di mondi

jabalí

pisca

pescado

turtuga

tortuga

walrus

morsa

vos

zorro

gazelle

gacela

futbol Americano
fútbol americano

ciclismo
ciclismo

tennis
tenis

basketball
básquet

landamento
natación

boxeo
boxeo

ice hockey
hockey sobre hielo

futbol
fútbol

badminton
bádminton

atletismo
atletismo

handbal
handball

ski
esquí

polo
polo

bula
saltar

brasa
abrazar

hari
reír

cana
caminar

canta
cantar

resa
rezar

sunchi
besar

soña
soñar

skirbi
escribir

pinta
dibujar

mustra
mostrar

primi
presionar

duna
dar

coy
tomar

tin
....
tener

haci
....
hacer

ta
....
ser

para
....
estar parado

core
....
correr

ranca
....
tirar

tira
....
tirar

cay
....
caer

drumi
....
estar acostado

warda
....
esperar

carga
....
llevar

sinta
....
estar sentado

bisti
....
vestirse

drumi
....
dormir

lanta fo'i soño
....
despertar

mira

mirar

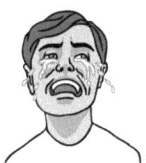

yora

llorar

caricia

acariciar

peña

peinar

papia

hablar

compronde

entender

puntra

preguntar

scucha

escuchar

bebe

beber

comc

comer

ruim op

ordenar

stima

amar

cushna

cocinar

bai

manejar

bula

volar

actividad - actividades

zeilo

navegar

conta

calcular

lesa

leer

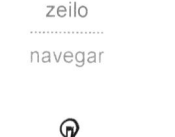

siña

aprender

traha

trabajar

casa

casarse

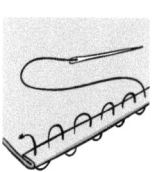

cose

coser

skeiro djente

cepillarse los dientes

mata

matar

huma

fumar

manda

enviar

wela
abuela

welo
abuelo

tata
padre

mama
madre

baby
bebé

yiu muhe
hija

yiu homber
hijo

huesped

invitado

tanta

tía

omo

tío

ruman homber

hermano

ruman muhe

hermana

curpa
cuerpo

frenta
frente
wowo
ojo
schouder
hombro
dede
dedo
cara
cara
cachete
pera
man
mano
pecho
pecho
pia
pierna
brasa
brazo

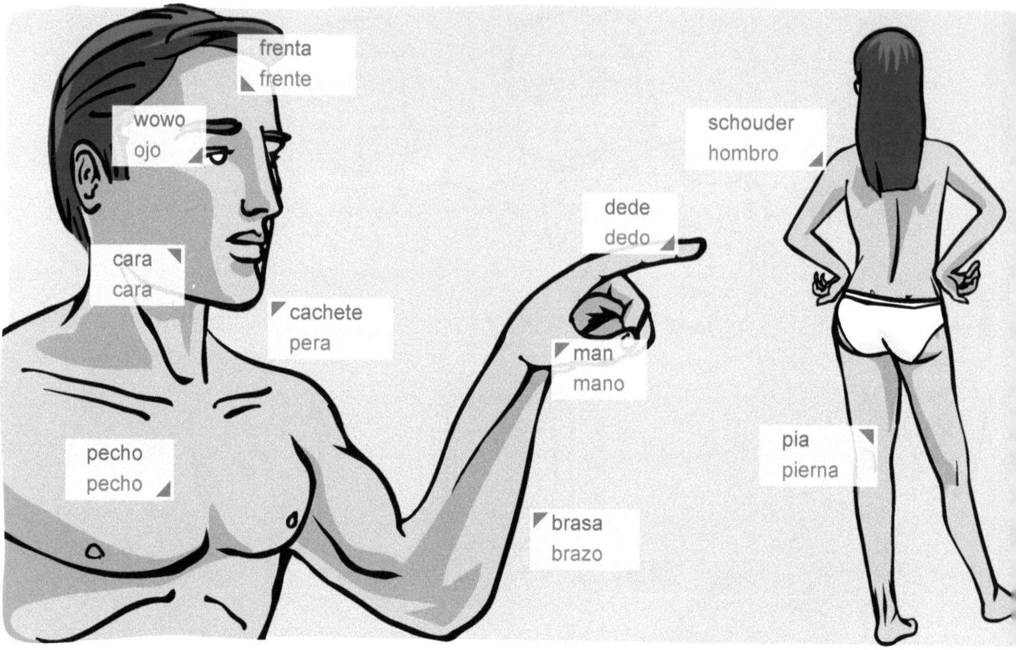

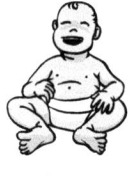

baby

bebé

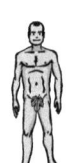

homber

hombre

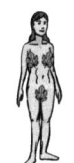

muhe

mujer

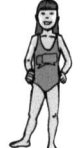

mucha muhe

nena

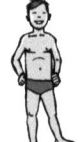

mucha homber

nene

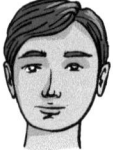

cabes

cabeza

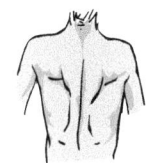

lomba

espalda

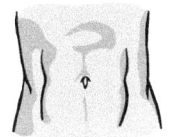

bariga

panza

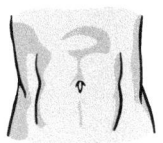

lombrishi

ombligo

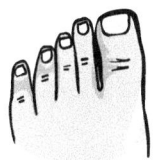

dede di pia

dedo del pie

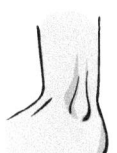

hilchi

talón

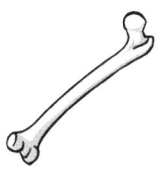

weso

hueso

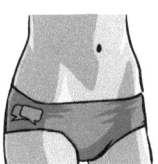

heup

cadera

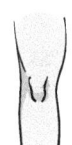

rudia

rodilla

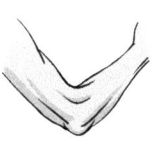

elleboog

codo

nanishi

nariz

chanchan

cola

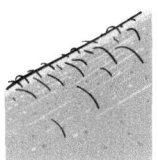

cuero

piel

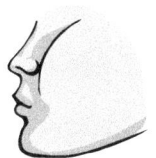

wang

cachete

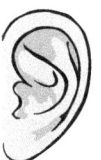

horea

oreja

lip

labio

boca
boca

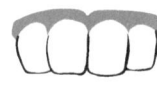

djente
diente

lenga
lengua

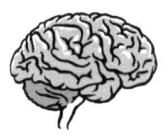

celebro
cerebro

curason
corazón

musculo
músculo

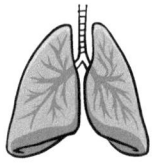

pulmon
pulmón

higra
hígado

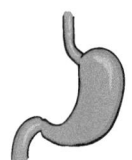

stoma
estómago

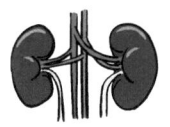

nier
riñones

sex
sexo

condon
preservativo

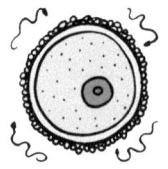

ovulo
óvulo

sperma
semen

embaraso
embarazo

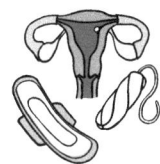

menstruacion
....
menstruación

vagina
....
vagina

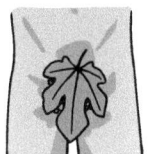

penis
....
pene

wenkbrauw
....
ceja

cabey
....
pelo

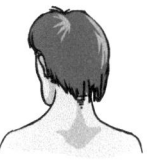

nek
....
cuello

hospital
hospital

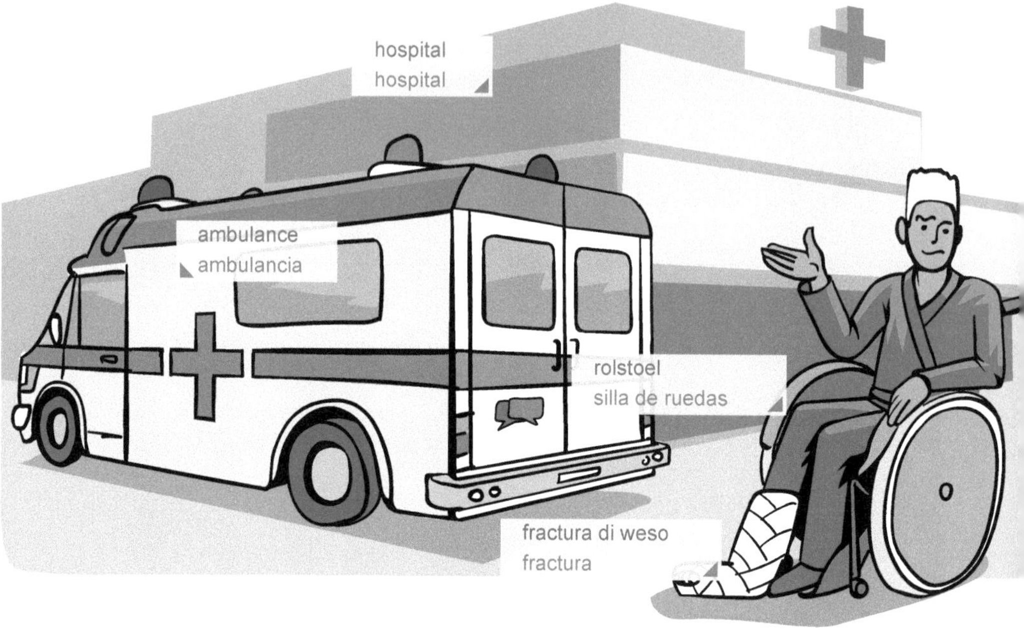

hospital
hospital
ambulance
ambulancia
rolstoel
silla de ruedas
fractura di weso
fractura

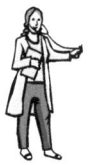

dokter
médico

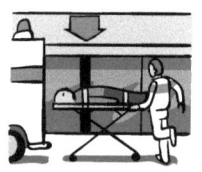

EHBO (prome asistencia/eerste hulp)
sala de guardia

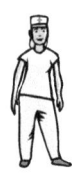

nurse
enfermera

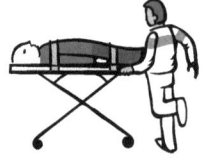

caso di emergencia
emergencia

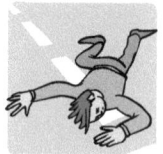

fo'i tino
inconsciente

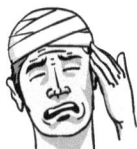

dolor
dolor

lesion
....
lesión

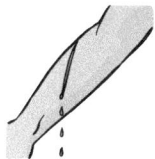

sangramento
....
hemorragia

ataca di curason
....
infarto

ataca celebral
....
ACV

alergia
....
alergia

tosa
....
tos

keintura
....
fiebre

griep
....
gripe

diarea
....
diarrea

dolor di cabes
....
dolor de cabeza

cancer
....
cáncer

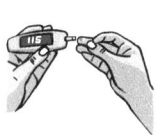

diabetes
....
diabetes

ciruhano
....
cirujano

scalpel
....
bisturi

operacion
....
operación

hospital - hospital

73

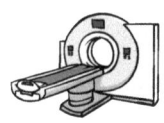

CT
TC

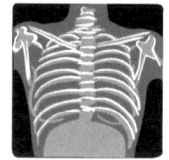

x-ray
rayos x

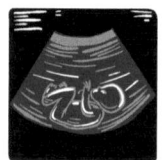

echo
ecografía

masker contra stof
barbijo

malesa
enfermedad

sala di espera
sala de espera

kruk
muleta

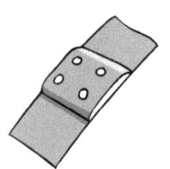

pleister
curita

verband
venda

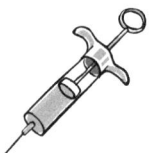

inyeccion
inyección

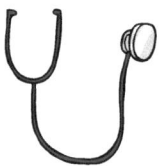

stetoscop
estetoscopio

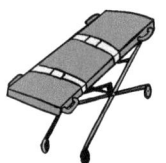

brancard
camilla

thermometer
termómetro

nacemento
nacimiento

sobrepeso
sobrepeso

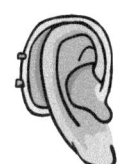

aparato pa oido
....
audifono

desinfectante
....
desinfectante

infeccion
....
infección

virus
....
virus

HIV / AIDS
....
VIH / SIDA

remedi
....
remedio

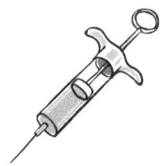

vacuna
....
vacunación

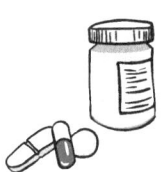

pilder
....
comprimidos

pilder
....
pastilla anticonceptiva

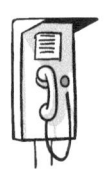

yamada di emergencia
....
llamada de emergencia

aparato pa midi presion
....
tensiómetro

malo / saludabel
....
enfermo / sano

auxilio!

¡Ayuda!

alarma

alarma

atraco

agresión

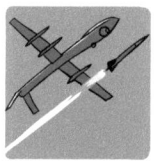

atake

ataque

peliger

peligro

salida di emergencia

salida de emergencia

candela

¡Fuego!

brandspuit

matafuego

desgracia

accidente

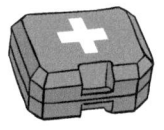

caha di prome asistencia

botiquín de primeros
auxilios

SOS

SOS

polis

policía

Europa

Europa

Noord America

América del Norte

Sur America

América del Sur

Africa

África

Asia

Asia

Australia

Australia

Oceano Atlantico

Atlántico

Oceano Pacifico

Pacífico

Oceano Indio

Océano Índico

Oceano Antartico

Océano Antártico

Oceano Artico

Océano Ártico

Noordpool

polo norte

Zuidpool

polo sur

Antartica

Antártida

mundo

Tierra

tera

tierra

lama

mar

isla

isla

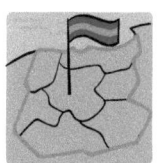

nacion

nación

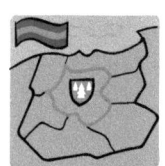

estado

estado

holoshi analog

esfera

wijzer chikito

manecilla de las horas

wijzer grandi

minutero

wijzer di seconde

segundero

Cuant'or tin?

¿Qué hora es?

dia

dia

tempo

hora

awor

ahora

holoshi digital

reloj digital

minuut

minuto

ora

hora

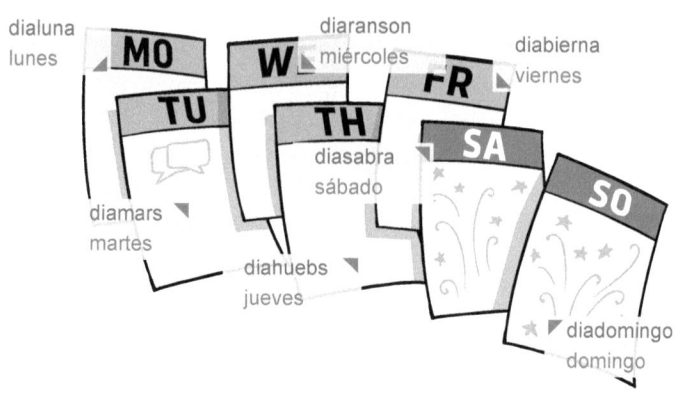

dialuna
lunes

diaranson
miércoles

diabierna
viernes

diamars
martes

diasabra
sábado

diahuebs
jueves

diadomingo
domingo

ayera
ayer

awe
hoy

mañan
mañana

mainta
mañana

merdia
mediodía

anochi
tarde

MO	TU	WE	TH	FR	SA	SU
1	2	3	4	5	6	7
8	9	10	11	12	13	14
15	16	17	18	19	20	21
22	23	24	25	26	27	28
29	30	31	1	2	3	4

dia di trabou
días hábiles

MO	TU	WE	TH	FR	SA	SU
1	2	3	4	5	6	7
8	9	10	11	12	13	14
15	16	17	18	19	20	21
22	23	24	25	26	27	28
29	30	31	1	2	3	4

weekend
fin de semana

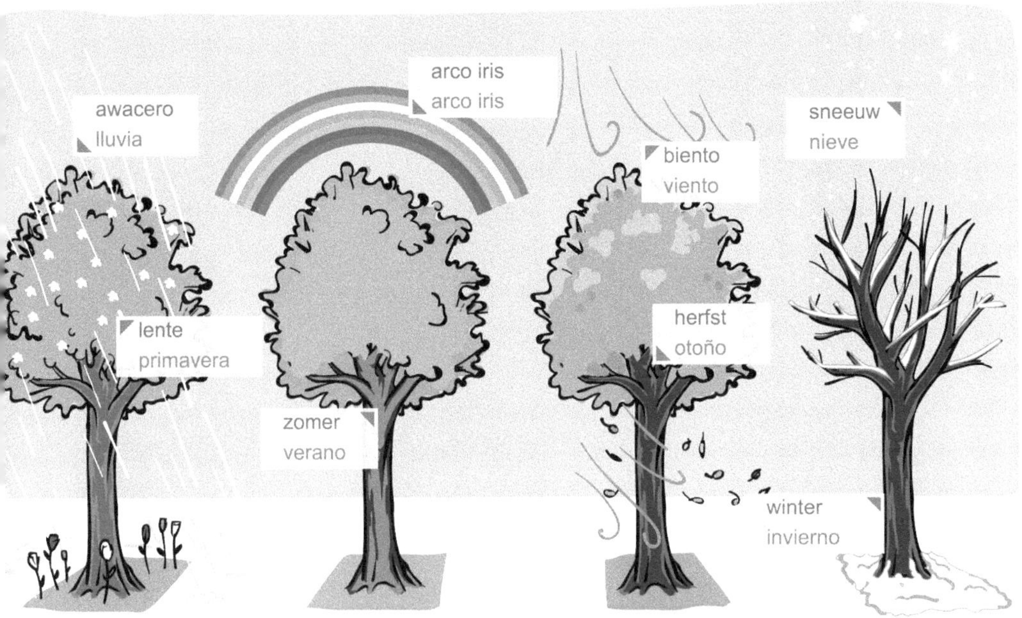

awacero
lluvia

arco iris
arco iris

biento
viento

sneeuw
nieve

lente
primavera

herfst
otoño

zomer
verano

winter
invierno

4.APRIL	11°	☀
5.APRIL	4°	🌧
6.APRIL	13°	☂
7.APRIL	8°	☀
8.APRIL	10°	☀

pronostico di tempo

pronóstico meteorológico

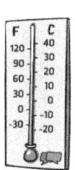

thermometer

termómetro

solo ta briya

luz del sol

nubia

nube

neblina

niebla

humedad

humedad

lamper
....
rayo

strena
....
trueno

mal tempo
....
tormenta

hagel
....
granizo

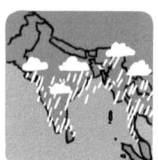

mal tempo
....
monzón

inundacion
....
inundación

ijs
....
hielo

januari
....
enero

februari
....
febrero

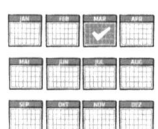

maart
....
marzo

april
....
abril

mei
....
mayo

juni
....
junio

juli
....
julio

augustus
....
agosto

aña - año

september
....
septiembre

october
....
octubre

november
....
noviembre

december
....
diciembre

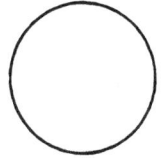

circulo
....
circulo

cuadra
....
cuadrado

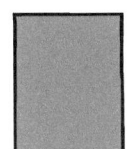

rectangulo
....
rectángulo

triangulo
....
triángulo

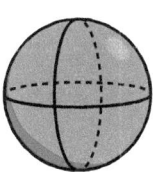

bol
....
esfera

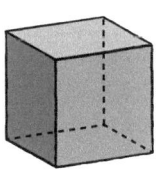

kubus
....
cubo

blanco
....
blanco

geel
....
amarillo

oraño
....
naranja

ros
....
rosa

cora
....
rojo

biña
....
violeta

blauw
....
azul

berde
....
verde

bruin
....
marrón

shinishi
....
gris

preto
....
negro

hopi / tiki

mucho / poco

rabia / trankil

enojado / tranquilo

bunita / mahos

lindo / feo

comienso / final

principio / fin

grandi / chikito

grande / chico

cla / scur

claro / oscuro

ruman homber / ruman muhe

hermano / hermana

limpi / sushi

limpio / sucio

completo / incompleto

completo / incompleto

dia / anochi

dia / noche

morto / bibo

muerto / vivo

hancho / smal

ancho / angosto

comibel / incomibel

comestible / no comestible

mal hende / bon hende

malo / amable

ansioso / ferfela bo mes

entusiasmado / aburrido

gordo / flaco

gordo / flaco

prome / ultimo

primero / último

amigo / enemigo

amigo / enemigo

yen / bashi

lleno / vacio

duro / moli

duro / blando

pisa / lihe

pesado / liviano

hamber / sed

hambre / sed

malo / saludabel

enfermo / sano

ilegal / legal

ilegal / legal

inteligente / sabi

inteligente / estúpido

robes / drechi

izquierda / derecha

cerca / leu

cerca / lejos

contrario - opuestos

nobo / uza

nuevo / usado

nada / algo

nada / algo

bieu / jong

viejo / joven

cendi / paga

encendido / apagado

habri / cera

abierto / cerrado

keto / duro

silencioso / ruidoso

rico / pober

rico / pobre

bon / fout

correcto / incorrecto

grof / liso

áspero / suave

tristo / contento

triste / contento

cortico / largo

corto / largo

pocopoco / lihe

lento / rápido

muha / seco

mojado / seco

cayente / friu

caliente / frio

guera / paz

guerra / paz

contrario - opuestos

0	1	2
cero	un	dos
cero	uno	dos

3	4	5
tres	cuater	cinco
tres	cuatro	cinco

6	7	8
seis	shete	ocho
seis	siete	ocho

9	10	11
nuebe	dies	diesun
nueve	diez	once

12

diesdos

doce

13

diestres

trece

14

diescuatro

catorce

15

diescinco

quince

16

diesseis

dieciséis

17

diesshete

diecisiete

18

diesocho

dieciocho

19

diesnuebe

diecinueve

20

binti

veinte

100

shen

cien

1.000

mil

mil

1.000.000

miyon

millón

idioma
idiomas

Ingles

inglés

Ingles Mericano

inglés americano

Chines Mandarin

chino mandarín

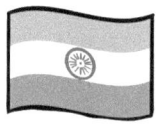

Hindi

hindi

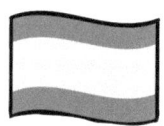

Spaño

español

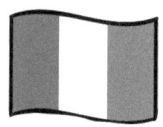

Frances

francés

Arabe

árabe

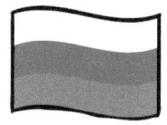

Ruso

ruso

Portugues

portugués

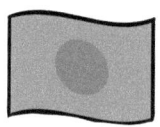

Bengal

bengalí

Aleman

alemán

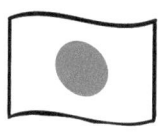

Hapones

japonés

ami

yo

abo

vos

e

él / ella

nos

nosotros

boso

ustedes

nan

ellos

ken?

¿quién?

kico?

¿qué?

con?

¿cómo?

unda?

¿dónde?

ki ora?

¿cuándo?

nomber

nombre

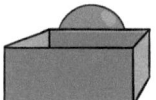

patras

detrás

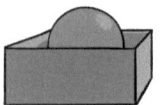

den

en

dilanti di

adelante de

ariba

por encima de

riba

sobre

bou di

debajo de

banda di

al lado de

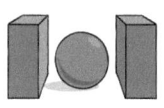

entre

entre

luga

lugar